Inhalt

Vorwort
2

Wozu der Ärger?
4

Wann ärgern Sie sich besonders?
13

Wer ärgert Sie?
18

Welche Verhaltensweisen ärgern Sie?
27

Ärgernisse des Alltags erkennen – und vermeiden
33

Anti-Ärger-Strategien ohne Erfolgsaussichten
44

Impressum
48

Liebe Leserin, lieber Leser,

herzlichen Glückwunsch zu diesem CARE-Paket! Es enthält für Sie – neben Buch, Karten und Qigong-Kugeln – auch gute Wünsche, Glück und Zuneigung und steht damit ganz in der Tradition der »echten« CARE-Pakete. Mehr als zehn Millionen davon erreichten ab 1946 das zerstörte und hungernde Nachkriegsdeutschland. Gefüllt mit Kleidung, Medikamenten oder Lebensmitteln lösten sie bei ihren Empfängern unbeschreibliche Freude aus! Auch heute noch arbeitet CARE dort, wo Menschen um das Überleben kämpfen.

Unsere heutigen CARE-Pakete enthalten nicht mehr Dosenfleisch, Rosinen oder Schokolade, sondern komplexe Nothilfe- und Entwicklungsprogramme, die Menschen in den ärmsten Weltregionen Starthilfe in eine bessere Zukunft geben.

Wenn auch Sie Ihre Freude weitergeben möchten, schicken Sie ein CARE-Paket, schicken Sie Zukunft!

www.care.de

CARE Deutschland–Luxemburg, Dreizehnmorgenweg 6, D-53175 Bonn
Tel.: (0228) 975 63-0, Fax: (0228) 975 63-51, E-Mail: info@care.de
Spendenkonto: 4 40 40, Sparkasse KölnBonn, BLZ 370 50 198

Wozu der Ärger?

Wann haben Sie sich zuletzt geärgert? Noch gar nicht so lange her, meinen Sie? Ärgern ist eine zutiefst menschliche Regung — die uns aber nicht guttut. Wir alle sollten versuchen, uns weniger zu ärgern. Denn wer in der »Ärgerfalle« gefangen ist, hat eine geringere Lebensqualität.

Dicker Hals oder Loch im Bauch?

Bereits unsere deutsche Sprache verrät, dass Ärger nicht unbedingt eine Wohltat für Körper und Seele ist. Es gibt eine Reihe populärer Redewendungen, die dieses Gefühl und seine körperlichen, aber auch mentalen Reaktionen beschreiben. Man »fährt vor Ärger aus der Haut« oder »ärgert sich grün und blau«, es »läuft einem die Galle über«, »es geht einem der Hut hoch« und »eine Laus läuft einem über die Leber«. Etwas »geht einem an die Nieren« oder man »ärgert sich ein Loch in den Bauch«. Man ist »verschnupft« oder »hat einen dicken Hals«.

Ärger wird also oft über körperliche Reaktionen definiert. Das ist kein Wunder: Denn Ärger ist nicht »nur« ein Gefühl, sondern hat auch entscheidende Auswirkungen auf unseren Organismus.

Das Wort »ärgern« ist übrigens vom mittelhochdeutschen Verb »ergern« und dem althochdeutschen »argeron« abgeleitet. Beides hängt mit unserem heutigen »arg« zusammen, ist praktisch eine Steigerung davon. Ursprünglich bedeutet es nichts anderes als »schlechter machen«.

Was beim Ärgern im Körper passiert

Ärger ist zunächst einmal eine emotionale Reaktion – aber sie hat physische Folgen: Wer dem Auslöser seines ganz individuellen Ärgers begegnet (das können beispielsweise Personen, Verhaltensweisen oder Situationen sein), reagiert. Und zwar ganz automatisch.

Im Körper werden verstärkt die Hormone Noradrenalin und Testosteron freigesetzt. Diese »Stresshormone« sorgen unter anderem dafür, dass der Blutdruck ansteigt und sich der Herzschlag beschleunigt. Gleichzeitig wird unsere Atmung flacher: Wir sind, wie bei einem körperlichen Angriff, in »Habtachtstellung«. Ärger macht uns sozusagen kampfbereit. Alle Energie wird für den sofortigen Einsatz bereitgestellt. Selbst wenn wir nicht zu körperlicher Gewalt neigen – unser Organismus sieht das zunächst einmal anders. Dieses Erbe ist seit Urzeiten genetisch in uns verankert; im Alltag aber kommt es glücklicherweise im Normalfall nicht mehr zu echten Kampfhandlungen.

> Oft führ' man gern aus seiner Haut. Doch wie man forschend um sich schaut, erblickt man ringsum lauter Häute, in die zu fahren auch nicht freute.
>
> *Eugen Roth*

Wozu der Ärger?

Ärgerbereit oder gelassen?

Ärger hat vor allem damit zu tun, wie wir selbst uns in Zusammenhang mit unseren Mitmenschen sehen. Wer sich in seiner Einstellung und seinem Leben von anderen oft eingeschränkt oder bedroht fühlt, findet stets eher einen Anlass, um sich zu ärgern. Untersuchungen in den Vereinigten Staaten haben ergeben, dass etwa 20 Prozent der Bevölkerung besonders »ärgerbereit« sind – das heißt, sie fahren schon bei Kleinigkeiten aus der Haut. Weiter 20 Prozent reagieren besonders gelassen; sie sind durch nichts so leicht aus der Ruhe zu bringen.
Fast zwei Drittel der Bevölkerung (also die restlichen 60 Prozent) agieren irgendwo in der Mitte: Mal ärgern sie sich über Unwichtiges, mal nehmen sie selbst gravierende unangenehme Situationen eher auf die leichte Schulter. (Quelle: TKK)

Ärger schadet der Gesundheit

Wer sich schnell ärgert und bereits bei Kleinigkeiten ausflippt, lebt gefährlich: Langzeitstudien der Emotionsforschung beweisen, dass »ärgerarme« Menschen länger leben. Ständiger Ärger ist der pure Stress und belastet den Körper mehr als andere Risikofaktoren wie z. B. Rauchen oder Bluthochdruck. Die körperlichen Folgen können enorm sein – auf unterschiedlichen Ebenen:

- Mit der kognitiven Ebene sind alle Aspekte der Wahrnehmung, des Lernens, Erinnerns und Denkens gemeint. Ärger – und damit Stress! – auf der kognitiven Ebene kann z. B. zu Leere im Kopf (Blackout) führen, zu Denkblockaden oder zwanghaftem Grübeln, zu Konzentrations- und Gedächtnisstörungen. Die Leistungsfähigkeit kann ebenso eingeschränkt sein wie das Realitätsbewusstsein.
- Unter der emotionalen Ebene versteht man Gefühle und Befindlichkeiten. Hier sind die typischen Stresssymptome etwa ein trockener Mund und der »Kloß im Hals«, das »flaue Gefühl im Magen« oder »weiche Knie«. Bei Ärger treten »Zornesadern« hervor, in der Brust kann es zu einem Gefühl der Enge kommen. Gravierender sind Herz-Kreislauf-Beschwerden, Herzrasen, Herzstolpern und hoher Blutdruck – sie erhöhen das Infarktrisiko. Es kommt zu Störungen des Magen-Darm-Bereichs. Schlafstörungen führen zu chronischer Müdigkeit. Außerdem möglich: Hautveränderungen, übermäßiges Schwitzen, Schwindelanfälle, Atembeschwerden und sogar Migräne.
- Die vegetativ-hormonelle Ebene betrifft alle Funktionen des vegetativen Nervensystems und unseres Hormonhaushaltes. Dauerärger bzw. Stress können hier Schreck und Panik, Wut und Aggressionsbereitschaft, aber auch Angstgefühle und Unsicherheit verursachen. Auch Unzufriedenheit und Unausgeglichenheit, Gefühlsschwankungen, Nervosität und Gereiztheit sind mögliche Folgen.
- Auf der muskulären Ebene geht es um Muskelanspannung oder -entspannung. Ärger oder Wut lösen in diesem Bereich

z. B. starre Mimik und Zähneknirschen aus, Fußwippen, Faustballen und Fingertrommeln. Es kann zu Spannungskopfschmerzen und Rückenbeschwerden kommen. Selbst Stottern (»vor Wut kein Wort herausbringen«), Muskelzittern oder eine nervöse Gestik sind möglich.

Das alles sind Extremreaktionen. Doch wer sich allzu oft ärgert und diesen Stress nicht gezielt abbaut bzw. gar nicht ernst nimmt, lebt in ständiger gesundheitlicher Gefährdung. Wollen Sie sich das wirklich antun?

Kann man Ärger wirklich »steuern«?

Muss man sich jedem Ärgernis stellen? Oder kann man ihm ausweichen? Man kann – wenn man sich selbst kritisch beobachtet und bereit ist, das eigene Verhalten zu ändern. Klar: Sie können nicht alle Eventualitäten voraussehen. Es wird immer wieder Situationen geben, denen Sie sich stellen müssen. Schließlich leben Sie ja nicht auf einer einsamen Insel.

> Niemand ist eine Insel, in sich selbst vollständig;
> jeder Mensch ist ein Stück des Kontinentes,
> ein Teil des Festlands.
>
> *John Donne*

Aber: Es kommt ganz auf Sie persönlich an, wie Sie mit potenziellen Ärgerquellen umgehen. Ganz allgemein unterscheidet man drei Verhaltensweisen:

- Wir unterdrücken unsere Wut.
- Wir lassen unseren Ärger raus.
- Wir setzen den (negativen) Zorn positiv um.

Viele Menschen tun das Letztere, wählen den goldenen Mittelweg, übrigens intuitiv. Wenn Sie wissen, welcher »Ärgertyp« Sie selbst sind, können Sie entsprechend an sich arbeiten.

Wie gehen Sie persönlich mit Ärger um?

Es gibt unterschiedliche Arten, wie man sich in einer Ärgersituation verhalten kann. Versuchen Sie anhand der folgenden Typologie herauszufinden, wie Sie im Normalfall reagieren.

Typ A: »Angriff ist die beste Verteidigung«

Sie nehmen sicherheitshalber erst einmal alles persönlich. Ob der Stau auf der Autobahn oder der Wecker, der nicht klingelt: Wenn etwas schiefgeht, will man ganz speziell Ihnen etwas Böses. Sie fühlen sich dann provoziert und reagieren entsprechend: Sie schimpfen, Sie bekommen einen roten Kopf, Sie vergreifen sich vielleicht sogar im Ton. Und das immer, wenn Ihnen etwas nicht passt oder gegen den Strich geht. Allerdings kann man nicht behaupten, dass Sie nachtragend seien: Sie gehen zwar wie das legendäre HB-Männchen schnell in die Luft – aber ebenso schnell ist der Ärger wieder vergessen. Wer mit Ihrer Impulsivität umgehen kann, kommt gut mit Ihnen klar. Sie sollten sich jedoch überlegen, ob Sie sich diesem ständigen Stress aussetzen wollen. Mit ein wenig Humor können Sie so manche Situation entschärfen – und das tut Ihnen und auch Ihrer Umgebung gut.

Typ B: »In der Ruhe liegt die Kraft«
Sie wissen: Manche Situationen kann man nicht ändern – ob das nun der Bus ist, der zu spät kommt oder ein cholerischer Chef, der bei der geringsten Kleinigkeit ausrastet. Sie machen stets das Beste draus – und entschärfen selbst heikle Konstellationen mit Ihrer unerschütterlichen Ruhe. Sie sind keinesfalls gefühllos, aber Sie setzen Ihre Energien eben zur Lösung von Problemen ein und nicht für unsinnige und uneffektive Debatten oder Streitereien. Sie gelten als ausgeglichen und sind in der Lage, auch Ihre negativen Emotionen (die Sie haben wie jeder andere!) in die richtigen Bahnen zu lenken. Sie gehen gerne mit Menschen um – auch weil Sie Freude daran haben, zu sehen, wie sich alles mit Ihrer tätigen Mithilfe zum Positiven wendet.

Typ C: »Der Teufel an der Wand ...«
Sie scheinen Ärger geradezu anzuziehen. Schon wenn Sie morgens aufstehen, droht der erste Konflikt: Das kann die nicht zugeschraubte Zahnpastatube sein (mit denen Ihr/e Partner/in Sie selbstverständlich nur ärgern will) oder das schlechte Wetter, das Sie zwingt, auf dem Weg zur Arbeit Extrazeit einzuplanen. Sie sehen fast alles negativ und finden selbst im Gourmetsüppchen noch ein Haar. All diesem Ärger stehen Sie beinahe hilflos gegenüber. Sie wissen ja schon von vornherein, wie eine Sache ausgeht – negativ nämlich. Und deshalb gehen Sie jedem Ärger lieber aus dem Weg. All das Schlechte, das Sie regelrecht zu verfolgen scheint, lähmt Sie regelrecht. Sie stehen davor wie das Kaninchen vor der

Schlange – unfähig, das kraftvolle Potenzial Ihrer Energien in Positives umzuwandeln.

Typ D: »Vorsicht ist besser als Nachsicht«
Ihnen ist ganz klar: Ärger zieht Sie runter, blockiert Sie und macht Ihr Leben unfreundlich. Deshalb vermeiden Sie ihn so gut es nur geht. Sie sind ein wahrer Meister darin, Konflikten aus dem Weg zu gehen – ob Auseinandersetzungen mit Ihrem Lebenspartner oder mit dem Kollegen, der Sie nur ausnutzt. Sie schlucken alle eigenen negativen Emotionen lieber runter, als sich einer Situation zu stellen und damit Ärger zu riskieren. Sie gehen sogar so weit, das Vorhandensein von Ärgerquellen zu leugnen: Sie finden immer eine Entschuldigung für ungute Situationen, Ihre eigenen Interessen vernachlässigen Sie deshalb total. Auf Dauer führt das dazu, dass Sie nur noch still alles in sich hineinfressen, ohne jemals aufzubegehren. So werden Sie Ihre eigenen Wünsche und Vorstellungen niemals durchsetzen – weder im Job noch privat. Auf Dauer kann Sie dieses Verhalten krank machen!

Typ E: »Der Tropfen, der das Fass zum Überlaufen bringt ...«
Sie wirken so ruhig, so beherrscht, so unauffällig. Aber in Ihnen brodelt es – und Sie wissen genau: Ihre Stunde wird kommen. Sie sammeln alle möglichen Ärgerpunkte bei anderen, Sie vergessen nichts. Dabei merken Sie gar nicht, dass Sie immer verbitterter werden und Ihr Leben gar nicht mehr genießen können. Ob Chef und Kollegen, ob Freunde oder Familie: Sie notieren im Geiste nur das Negative und ärgern

sich still und heimlich. Irgendwann einmal jedoch gehen Sie zum Angriff über – und Ihr Gegenüber ist angesichts Ihres Zornesausbruchs völlig fassungslos. All Ihre Vorwürfe sind im Grunde genommen lediglich Kleinigkeiten. Aber die vergällen Ihnen das Leben – und das auf Dauer. Sie sollten lieber lernen, störende Dinge gleich anzusprechen – und so selbst kleine Ärgernisse sofort aus dem Weg zu räumen.

Lassen Sie sich nicht ärgern!

Ärger kommt immer aus einem selbst. Zwar können Faktoren von außen ihn verursachen. Aber es liegt ganz allein an Ihnen, wie Sie mit diesen Faktoren umgehen – ob Sie sich also ärgern lassen. Versuchen Sie Ihre Lage zu analysieren. Anfangs fällt das sicher schwer; aber nach und nach wird das eine Ihrer leichtesten Übungen. Stellen Sie sich folgende Fragen:

- Wie ist die Situation? Wie bin ich bisher damit umgegangen? Wie will ich künftig damit umgehen?
- Welche Gedanken gehen mir dabei durch den Kopf?
- Ist die Situation den Ärger wert?
- Kann ich durch meinen Ärger etwas ändern?

Wenn Sie vor allem die letzte Frage bejahen: Dann ändern Sie etwas – aber ohne das negative Gefühl des Ärgers.
Verneinen Sie die letzte Frage? Dann lernen Sie, die Situation zu akzeptieren – ebenfalls ohne negative Emotionen.
Dabei wird Ihnen die Lektüre dieses Büchleins helfen!

Wann ärgern Sie sich besonders?

Manche Menschen sind zu bestimmten Tageszeiten besonders »ärgeranfällig« — vielleicht weil sie ein Morgenmuffel oder eher abends »nicht gut drauf« sind. Oder gibt es noch andere zeitabhängige Gründe, z. B. das Müdigkeitstief am Nachmittag?

Frühaufsteher oder Nachteule?

Nicht an jedem Tag fühlt man sich gleich – wir alle unterliegen verschiedenen Stimmungen, und das kann im Laufe des Tages, ja selbst innerhalb ganz kurzer Zeit wechseln. Neben der mentalen kommt es auf die körperliche Verfassung an: Wer beispielsweise gerade eine Erkältung ausbrütet, mit Heuschnupfen kämpft oder einen Kater vom Vorabend hat, ist sicher anfälliger für schlechte Laune als jemand, der sich topfit, gesund und munter fühlt. Der eine ist ein Morgenmuffel und ärgert sich schon beim Aufstehen über Kleinigkeiten; der andere springt bei Tagesanbruch quietschfidel aus dem Bett und hat dafür abends gewisse Probleme, seine Stimmungen in den Griff zu bekommen. Dazu kommen die vielen kleinen Anlässe den ganzen Tag hindurch, die Ärger provozieren können …

Achten Sie auf Ihre Stimmungen

Es liegt an Ihnen, herauszufinden, wann Sie besonders anfällig für schlechte Laune und damit Ärger sind. Sie wollen wegkommen vom unnützen und negativen Gefühl des Ärgers? Beobachten Sie sich eine Zeitlang selbst. Und zwar zunächst nicht in entspannten Situationen, also am Wochenende oder im Urlaub, sondern im Alltag. Stellen Sie sich dabei folgende Fragen:

- Ist Ihr Ärger tageszeitabhängig? Etwa weil Sie morgens nur schwer aus den Federn kommen? Oder weil Sie nachmittags einfach müde sind und gerne eine Siesta einlegen würden? Oder weil Sie abends nach einem harten Tag im Job erst mal abschalten müssen?
- Ist Ihr Ärger von der Tagesform abhängig? Reagieren Sie eher gereizt, wenn Sie mal »nicht gut drauf« sind? Oder wenn es Ihnen körperlich nicht so gutgeht? Bei Frauen kann das etwa in der prämenstruellen Phase sein, oder wenn sie Menstruationsbeschwerden haben. Oder fühlen Sie sich manchmal einfach »ausgebrannt«?
- Ärgern Sie sich vor oder nach bestimmten Ereignissen? Beispielsweise, wenn Sie eine ungeliebte Arbeit erledigen müssen? Wenn Sie eine Aufgabe lange vor sich hergeschoben haben und sie nun in Angriff nehmen müssen?
- Fahren Sie eher aus der Haut, wenn Sie im Job sind? Oder passiert das oft nach Feierabend? Viele Menschen ärgern sich interessanterweise besonders viel in der Freizeit oder im Urlaub.

»Erkenne dich selbst!«

Schon im antiken Griechenland war den Menschen bewusst, dass Selbsterkenntnis die Basis für ein reiches und erfülltes Leben ist. Die Inschrift über dem Eingang des Apollotempels in Delphi hieß: »Erkenne dich selbst.« Das heißt genau dasselbe wie das deutsche Sprichwort: »Selbsterkenntnis ist der erste Schritt zur Besserung.« Es kommt Ihnen vielleicht lächerlich vor, aber es ist hilfreich: Führen Sie ein »Ärger-Tagebuch«! Notieren Sie über einen bestimmten Zeitraum hinweg genau, wann Sie besonders leicht aus der Haut fahren – und wann Sie selbst größere Ärgernisse eher gelassen hinnehmen.

> Chancen präsentieren sich uns mit Vorliebe in der Maske von Unannehmlichkeiten.
>
> *Elias Canetti*

Wie man schlechte Stimmungen in den Griff bekommt

Wenn Sie sich selbst ärgern, ist das schlimm genug. Es hat jedoch wenig Sinn, seine schlechte Laune an anderen auszulassen. Damit sind Sie nämlich dann die Ärgerquelle für viele Ihrer Mitmenschen. Das muss ja wirklich nicht sein! Wer nicht in der Lage ist, seinen eigenen Gemütszustand zu kontrollieren, gibt ihn sozusagen automatisch an andere weiter. Kein

Wunder also, wenn irgendwann alle nicht gerade vor guter Laune sprühen! Es gibt ein paar kleine Tricks, wie man die eigene miese Seelenlage schnell wieder ins Gleichgewicht bringt.

- Wenn Sie sich zurückziehen können – tun Sie es. Selbstverständlich sollten Sie dann nicht stundenlang im stillen Kämmerlein sitzen und sich dem Weltschmerz hingeben. Aber bereits eine Viertelstunde kann hilfreich rein. Sie bekommen wieder einen klaren Kopf und finden neue Kraft, um unangenehmen Situationen und damit etwaigen Ärgerauslösern entsprechend frohgemut und voll neuer Energie zu begegnen.
- Stellen Sie sich den »worst case« vor: Vertiefen Sie Ihre miese Stimmung – bis es absurd wird. Das hilft Ihnen, wieder zu lächeln …
- Bewegen Sie sich: Hoch erhobener Kopf, gerade Haltung beim Gehen – das macht wieder frisch. Und damit sind Sie offen für bessere Gedanken. Sogar Grimassen zu schneiden und sich im Spiegel selbst die Zunge herauszustrecken bringt Sie weiter.
- Atmen Sie dunkle Gedanken weg. Das klingt einfach – und das ist es auch. Und es funktioniert! Stellen Sie sich Ihre schlechte Laune (oder überhaupt negative Emotionen wie Trauer, Ärger, Wut, Enttäuschung, Aggressionen) als dunkle Wolke vor. Atmen Sie diese Wolke aus – und Sie werden sehen: Nach ein paar Mal tief einatmen und »schwarz ausatmen« geht es Ihnen besser. Selbst wenn Sie sich dabei hin und wieder wie eine Dampflok fühlen.

Schnell wieder gutgelaunt

Ein Experiment amerikanischer Psychologen können Sie ganz schnell nachvollziehen: Klemmen Sie einen dünnen Stift zwischen die Zähne – damit lächeln Sie nämlich automatisch. Und das Tolle daran: Sie werden unwillkürlich bessere Laune haben. Dasselbe passiert, wenn Sie den Vokal »e« aussprechen: Ihre Mimik zeigt ein Lächeln – und beinahe automatisch folgt Ihre mentale Reaktion – bis hin zu einem »echten« Lächeln und besserer Stimmung.

- Sagen Sie Ihren Mitmenschen Bescheid, dass Sie heute mal schlechte Laune haben. Zum einen können andere sich dann darauf einstellen und strapazieren Sie nicht ausgerechnet jetzt über Gebühr. Zum anderen ist oft schon das Aussprechen eine Hilfe.
- Reden Sie drüber: Gute Freunde oder ein Familienmitglied, ein Kollege, dem Sie vertrauen, jeder, bei dem Sie Ihre miese Laune »abladen« können, ist eine gute Hilfe.
- Es klingt banal, aber es funktioniert: Suchen Sie sich etwas, worüber Sie lachen müssen. Das kann ein Comic sein, spielende Kinder oder Tiere, selbst nur ein witziger Cartoon.
- Gönnen Sie sich ganz bewusst etwas Gutes. Vielleicht nehmen Sie sich fünf Minuten Auszeit und legen mal die Beine hoch. Oder leisten Sie sich eine Trüffelpraline extra, einen Blumenstrauß, eine neue CD oder DVD.

Wer ärgert Sie?

*Ärgern Sie sich über andere — oder über sich selbst?
Finden Sie heraus, an welchen Personen Sie Ihren Ärger
festmachen. Wenn Sie das Geflecht Ihrer privaten und
beruflichen Beziehungen kennen, sind Sie in der Lage, Ihr
individuelles Spannungspotenzial zu verringern —
und ärgerfrei zu leben.*

Sympathie und Antipathie sind entscheidend

Mit manchen Personen »kann« man einfach nicht, meinen Sie? Dann ist die Sache ja eigentlich ganz klar: Sie finden jemanden nicht sympathisch — und ärgern sich deshalb ganz besonders über bestimmte Verhaltensweisen dieses Menschen. Doch dies ist nur auf den ersten Blick so und eine eher oberflächliche Betrachtungsweise.

Der amerikanische Psychologe Professor James R. Averill hat bereits 1982 aufgezeigt, dass Sympathie und Antipathie über den Grad unseres personenbezogenen Ärgers entscheiden — aber umgekehrt als vermutet: Wir empfinden viel stärkeren Ärger über eine Person, die wir lieben oder gut kennen. Dabei spielt sicher eine Rolle, dass wir uns besonders enttäuscht oder sogar »verraten« fühlen, wenn gerade bekannte und uns im Grunde sympathische Personen sich anders verhalten, als wir es erwarten oder es uns wünschen.

Interessanterweise ist der Ärger über uns unsympathische Personen gering – wohl deshalb, weil wir diesen von vornherein eher Eigennutz und absichtliches Handeln unterstellen. Wenn zwischen zwei Menschen die Chemie nicht stimmt, gehen sie automatisch vorsichtig miteinander um. Weil wir vom »unsympathischen« Gegenüber eher ein Verhalten erwarten, das uns beeinträchtigen könnte. Dasselbe gilt für Personen, die uns fremd sind bzw. die uns nicht nahestehen.

Wie man mit nervenden Zeitgenossen umgeht

Unser eigenes Verhalten richtet sich stets daran aus, ob wir eine Ärger verursachende Situation »annehmen« und damit eine Diskussion oder sogar Streit »riskieren«. Oder ob wir ausweichen und so einer Auseinandersetzung aus dem Weg gehen. Es gibt drei Stufen, die uns beim Umgang mit dem Ärger helfen:

- Akzeptieren Sie in jedem Fall erst einmal das negative Gefühl. Also dass Sie jetzt, in diesem Moment, ärgerlich sind. Was Sie dann tun – ob Sie also schnell und sichtbar reagieren oder erst mal »schlucken« und sich zurückhalten – kommt stets auf Ihr Gegenüber und die jeweilige Situation an. Und selbstverständlich darauf, wie Sie ganz individuell handeln möchten oder können.
- Stellen Sie danach in Ruhe fest, weshalb Sie sich gerade über diesen Menschen ärgern. Wollen Sie einfach nur recht bekommen und behalten? Soll ein anderer Ihren Wünschen nachkommen und tut dies nicht? Stört Sie etwas an der

Verhaltensweise Ihres Gegenübers, das Sie persönlich in Ihren Rechten einschränkt?
- Handeln Sie proaktiv – und reagieren Sie nicht einfach nur! Wenn Sie beispielsweise das Gespräch von sich aus suchen, wenn Sie Ihre Wünsche und Anforderungen überdenken und neu formulieren, wenn Sie andere Wege zu Ihren Zielen entdecken, bauen Sie Ärger ab bzw. lassen ihn gar nicht erst aufkommen.

Was wir mit Ärger erreichen wollen

Im Grunde wollen wir mit Ärger nur eines erreichen: dass unsere zornige oder gar wütende Reaktion den anderen dazu bewegt, sein Verhalten uns gegenüber zu ändern. Ärger entsteht immer dann, wenn etwas nicht so läuft, wie wir uns das vorstellen, wenn unsere Wünsche und Ziele, Gefühle und Ansprüche nicht erfüllt werden. Können wir an der Situation nichts ändern – etwa, weil die Ursache unseres Ärgers von uns nicht beeinflussbar ist (z. B. der endlose Stau auf dem Weg zur Arbeit) –, richtet sich der Ärger letztlich gegen uns selbst. Denn es ist kein realer »Gegner« da, den man mit seinen Emotionen beeindrucken oder beeinflussen könnte. Dass dies auf Dauer ungesund ist und bis zur Autoaggression führen kann, ist mittlerweile auch wissenschaftlich nachgewiesen.

Ärger mit Vorgesetzten und Kollegen

Selbstverständlich können Sie im Berufsleben nicht einfach vor Ärger ausrasten. Sie werden – oft blitzschnell – entscheiden müssen, wie Sie mit der entsprechenden Situation umgehen. Manchmal ist es besser, den Ärger erst mal zu schlucken und sich im stillen Kämmerlein darüber klarzuwerden, aus welchen Gründen man jetzt auf eine bestimmte Person so zornig reagiert. Erst mal – aber bitte nicht auf Dauer. Wenn Sie stets aufgrund derselben Verhaltensweisen Ihres Chefs oder Ihrer Kollegen in Wut geraten, ist es dringend an der Zeit, etwas zu ändern. Werden Sie sich darüber klar, was Sie ärgert: Ist es wirklich im Verhalten Ihres Gegenübers begründet? Oder liegt es an Ihnen selbst?

- Wer sich etwa über die ständige Mehrarbeit ärgert, die er aufgedrückt bekommt, sollte sich fragen: Gibt es tatsächlich allgemein mehr Arbeitsaufkommen und müssen alle Kollegen gleich ran? Oder gelten Sie im Team als gutmütig und werden deshalb ausgenutzt? Lernen Sie, nein zu sagen. Freundlich, mit einem Lächeln, aber hart in der Sache. Sie werden staunen, wie schnell diese Ärgerquelle versiegt …
- Ihr Boss ist als Choleriker bekannt und schreit gerne herum? Macht er das ausschließlich mit Ihnen oder auch mit anderen Mitarbeitern? In jedem Fall müssen Sie sich das nicht bieten lassen und das Geschrei jedes Mal hinnehmen. Wehren Sie sich – aber nicht lautstark, sondern sachlich und höflich. Und verlassen Sie den Raum, wenn Ihr Vorgesetzter herumbrüllt oder unflätig wird. Eine solche Aktion

Ihrerseits erfordert zunächst mutiges Handeln. Aber sie hat mit Sicherheit Erfolg. Und erspart Ihnen so den immer wieder aufs Neue auftretenden Ärger.

- Ihr Kollege leiht sich immer wieder mal Geld von Ihnen? Es sind vielleicht nur kleine Beträge – mal für ein Brötchen aus der Kantine, mal für einen Kaffee. Vom Zurückzahlen hält er allerdings nichts. Er nutzt es schamlos aus, dass Sie es nicht wagen, das Geld zurückzufordern. Auch hier sind Sie selbst gefordert, um den Ärger zu beenden: Sagen Sie beim nächsten Mal einfach nein. Lächelnd, ohne große Ausrede, dass Sie die kleine Summe »gerade nicht passend« haben. Beweisen Sie einmal Mut und gehen Sie damit erneutem Ärger aus dem Weg.
- Sie sind als Chef in der peinlichen Lage, dass Ihre Mitarbeiter Sie nicht ernst nehmen? Das ist eine fatale Situation, die Ihnen auf Dauer nicht nur Ärger bereiten, sondern Sie entscheidend in der Karriere behindern kann und wird. Deshalb sollten Sie möglichst rasch handeln: Sprechen Sie zunächst mit dem Kollegen, der Ihnen als »Rädelsführer« auffällt. Klären Sie die Situation – und versuchen Sie, ihn oder sie auf Ihre Seite zu ziehen. Danach ist ein Gespräch mit den anderen Mitgliedern des Teams vermutlich kein Problem mehr.

> Frauen machen sich nicht schön, um Männern zu gefallen.
> Sie tun es, um andere Frauen zu ärgern.
>
> *Marcel Aymé*

Wie Männer und Frauen mit Ärger umgehen

Es ist ein Irrtum anzunehmen, dass Frauen friedfertiger sind als Männer. Sie ärgern sich genauso intensiv. Aber weiblicher Ärger äußert sich – vor allem in engen Beziehungen – auf andere Weise: Frauen reagieren kaum aggressiv, und sie setzen weniger körperliche Gewalt ein. Frauen denken zudem länger über ärgerliche Situationen nach, während Männer eher explodieren und ihren Zorn sichtbar zeigen. (Quelle: www.workshop-aggression.de)

Ärger mit Freunden, dem Partner und der Familie

Im privaten Bereich fällt es uns oft besonders schwer, Ärger aus dem Weg zu gehen. Zum einen müssen wir dort weniger auf Konventionen achten. Zum anderen fühlen wir uns gerade vom Lebens- oder Liebespartner, von Eltern und Kindern besonders brüskiert, wenn sie uns ärgern. Beides führt dazu, dass Situationen schnell eskalieren können. Dennoch besteht, weil eben Gefühle wie Liebe und Sympathie im Spiel sind, in den meisten Fällen die große Chance, dass man Ärger ausräumt und einen neuen Anfang macht. Nutzen Sie dafür folgende Überlegungen:

- Bringen Sie Klassiker wie die berühmte falsch ausgedrückte Zahnpastatube oder die Klamotten auf dem Boden auf die Palme? Hinterfragen Sie, warum Sie so sauer reagieren: Weil Sie davon ausgehen, dass die anderen sich absichtlich so verhalten? Die Gedankenlosigkeiten Ihrer Liebsten sind im Normalfall kein böser Angriff auf Ihre Person und sie passieren nicht, um Sie zu ärgern. Woran liegt es, dass Sie bei Kleinigkeiten einer bestimmten Person ausrasten? Gibt es tiefere Gründe? Suchen Sie das Gespräch. In einer ruhigen Minute, auf keinen Fall gerade dann, wenn Sie vor Ärger wieder mal aus der Haut fahren möchten.

- Welches Verhalten stört Sie besonders? Und aus welchem Grund? Fühlen Sie sich ausgenutzt? Zu wenig geliebt? Nicht als gleichwertig akzeptiert? Machen Sie sich klar: Solange der andere nicht um Ihre ureigenen Emotionen weiß, kann er sein Verhalten nicht darauf abstimmen. Die einzige Chance ist, klar und deutlich zu sagen, was Sie meinen, was Sie wollen, was Sie verändern möchten.
- Überdenken Sie Ihre Beziehung(en) gründlich und in aller Ruhe – Ihr Verhältnis zum Lebenspartner, zu Ihren Kindern, Ihren Eltern, Ihren Freunden: Ist alles so, wie Sie es sich vorstellen? Fühlen Sie sich wohl? Oder empfinden Sie ständig emotionale Verletzungen? Wollen Sie etwas ändern? Können Sie alte Streitigkeiten ad acta legen?

Ärger mit den Nachbarn und in der Öffentlichkeit
Ärger kommt nicht nur von Menschen, mit denen man in einer beruflichen oder privaten Beziehung steht. Wer »ärgerbereit« ist, lässt sich von völlig Fremden auf die Palme bringen: etwa von der Verkäuferin, die lieber mit Kolleginnen tratscht, als sich um Sie als Kunden zu kümmern; vom Nachbarn zwei Häuser weiter, der schon wieder ein Fest veranstaltet und den

Grillrauch in Ihren Garten ziehen lässt; von der Politesse, die ausgerechnet Sie aufschreibt oder vom Müllmann, der morgens besonders laut mit dem Tonnendeckel klappert und Sie regelmäßig aufweckt. Vom Hundegebell und dem Geläute der Kirchenglocken ganz zu schweigen … Hier haben sich die folgenden Strategien bewährt:

- Werden Sie sich bewusst, woran es wirklich liegt, dass solche Dinge Ihnen so viel Ärger bereiten. Es liegt meist nicht an den Handlungen einzelner Personen, sondern an Ihrer eigenen Unausgeglichenheit. Vielleicht sind Sie besonders gestresst, fühlen sich in der eigenen Haut nicht wohl, nehmen deshalb selbst Kleinigkeiten persönlich.
- Selbstverständlich müssen Sie nicht alles hinnehmen. Frechheiten und Unverschämtheiten anderer dürfen und sollen Sie ansprechen. Aber wägen Sie vorher ab, ob Sie eine große Konfrontation riskieren möchten. Oder ob Sie mit einem Lächeln, einer höflichen, aber dennoch klaren Ansage nicht mehr erreichen und damit sowohl den eigenen Ärger überwinden als auch Ihrem Gesprächspartner respektvoll begegnen.
- Zeigen Sie sich gelassen – vor allem gegenüber Situationen, die Sie nicht ändern können. Jeder kennt das Gefühl, wenn einen Kleinigkeiten regelrecht zur Weißglut treiben. Nur: Was haben Sie damit gewonnen? Nichts außer einem negativen Gefühl, das Ihnen Stress bereitet und Ihre innere Stärke ankratzt. Und Sie außerdem ungeduldig macht und damit unfähig, Ihren Mitmenschen den richtigen Stellenwert zuzuordnen. Dass dies zu Ungerechtigkeiten und Fehl-

urteilen führt, liegt nahe. Damit wiederum verbauen Sie sich selbst die Freude am Leben. Liegt das wirklich in Ihrem Interesse?

Wege aus der Ärgerfalle

Sie allein haben es in der Hand, ob Sie sich von anderen ärgern lassen. Oder ob Sie die Sache gar nicht erst an sich herankommen lassen. Gehen Sie nicht davon aus, dass der andere Ihnen automatisch etwas Böses will, sondern versuchen Sie es mit diesen Techniken:

- Lernen Sie, alles Störende anzusprechen – und das schnellstmöglich. Auch Kleinigkeiten. Bevor diese sich zu einer großen Sache ausweiten und die Situation eskaliert.
- Lernen Sie, andere zu beobachten. Körpersprache, Mimik und Gestik, die Stimme – was fällt Ihnen auf? Was könnte Ihr Gegenüber wirklich meinen? Oft sind gesprochene Worte ungeschickt gewählt – und wir neigen dazu, sie falsch zu verstehen. Weil wir nicht bereit dazu sind, nachzuhorchen, nachzufragen. Das ist aber nicht der Fehler Ihrer Mitmenschen – sondern Ihr eigener.
- Lernen Sie außerdem, sich selbst klarer auszudrücken. Haben Sie etwas falsch interpretiert? Wie kommen Ihre Worte, Ihre Mimik und Gestik, Ihr Auftreten und Ihre Körpersprache bei anderen an? Was können Sie verbessern?
- Zu guter Letzt sollten Sie lernen, Ihr Handeln in Ärgersituationen in Frage zu stellen: Ist Ihnen die Sache wirklich so wichtig, dass Sie einen Streit auf sich nehmen wollen? Sind Sie im Recht? Reagieren Sie angemessen?

Welche Verhaltensweisen ärgern Sie?

Was den einen völlig kalt lässt, kann den anderen zur Weißglut bringen. Je nachdem, welche Vorerfahrungen und Prägungen wir haben, lösen ganz unterschiedliche Verhaltensweisen Ärger bei uns aus. Doch wir können lernen, diese Situationen zu erkennen und zu entschärfen.

Erkennen Sie sich selbst: der Spiegel unserer Gefühle

Wer kennt das nicht: Wir ärgern uns, wenn jemand faul ist. Wenn er uns ausnutzt, wenn er gegen uns intrigiert oder uns sogar mobbt. Wenn er uns nicht anerkennt, nicht respektiert, uns arrogant oder rücksichtslos behandelt. Missachtung und Respektlosigkeit sind ebenso ein »Ärgeranlass« wie Angeberei, Geiz und Neid. Selbst fürsorgliches Verhalten kann einen »zur Weißglut« treiben.

Jeder empfindet Ärger anders

Ärger ist ein subjektiver Zustand. Man kann ihn objektiv nicht »beschreiben« – jeder empfindet dieses Gefühl auf andere Art und Weise. Wie es wirklich in uns aussieht, wie wir den eigenen Ärger empfinden, kann kein anderer genauso erleben.

Welche Verhaltensweisen ärgern Sie?

Merken Sie etwas? Es liegt eigentlich immer an uns selbst, wie das Verhalten eines anderen bei uns »ankommt«. Wir interpretieren jede Handlung unseres Gegenübers – und zwar nach dem, was in uns vorgeht. Mit anderen Worten: Unser Gegenüber ist der Spiegel unserer eigenen, oftmals unterdrückten Emotionen.

Ein Beispiel: Sie ärgern sich maßlos, weil Ihr halbwüchsiger Sohn so faul ist. Immer wieder ist das ein Anlass für Streit und Diskussionen innerhalb Ihrer Familie. Was aber steckt wirklich dahinter? Können Sie mit Sicherheit behaupten,
- dass Sie nicht auch ganz gern mal »alle Fünfe gerade« lassen würden, sich das aber einfach nicht erlauben können? Oder besser: erlauben wollen?
- dass Sie Ihrem Nachwuchs ein wenig die Unbeschwertheit neiden, mit der er (noch) sein Leben lebt?
- dass Sie in Ihrer Jugend eben nicht auf der faulen Haut liegen durften und es ungerecht finden, dass Ihr Sohnemann die Möglichkeit dazu hat?
- dass hinter der Fürsorge, dass »der Junge doch sonst schlechte Zeugnisse bekommt und keine Chance hat«, der eigene Druck steckt, den Sie in Ihrer Schulzeit verspürt haben und jetzt im Job noch immer erleben?

Horchen Sie in sich hinein! Sie werden merken, dass Ihr Groll ganz andere Ursachen hat und nicht einfach »nur« im Ärger über die Faulheit Ihres Sohnes begründet ist. Genauso ist es mit vielen anderen Verhaltensweisen anderer, über die man sich ärgert.

Warum schnelle Lösungen oft nichts taugen

»Eigentlich« ist alles ganz einfach: Ein Konflikt taucht auf. Man überlegt, welche Ursachen und Hintergründe die Situation hat – und löst das Problem dann auf. Leider klappt das in der Praxis meist nicht. Weil wir prinzipiell konfliktscheu sind. Ist es doch zunächst einmal viel einfacher, dem Konflikt auszuweichen … Wenn wir aber nicht umhinkönnen, uns mit dem Konflikt auseinanderzusetzen, tun wir das oft schnell, weil wir der konkreten Situation möglichst rasch entkommen wollen. In der Eile aber ist es nicht sehr wahrscheinlich, dass wir die richtige Lösung finden. Die Folge: Wir haben zwar den Eindruck, der Konflikt sei gelöst. Doch das ist ein Trugschluss – es wird wahrscheinlich erneut zu einer Auseinandersetzung kommen, oft spitzt sich der Konflikt sogar noch zu.

Kleine Störung – oder tiefliegender Konflikt?

Klar: Sie können nicht in jeder kleinen Situation, in der Sie sich ärgern, erst mal eine tiefschürfende Analyse durchführen. Hören Sie auf das Gefühl, das Sie bei der (oft nur scheinbaren) Lösung eines Konflikts haben. Lernen Sie zu unterscheiden:

- Ist Ihr Ärger durch ein Missverständnis entstanden? Dann kann man ihn schnell beheben. Eine Entschuldigung reicht oft aus. Oder eine Wiedergutmachung, mit der die kleine

Störung behoben wird. Ihr »Kontrollgefühl«: Sie empfinden sofort Erleichterung, dass diese Ärgerpanne behoben und aus der Welt geschafft ist. Es belastet Sie nicht weiter.
- Hat Ihr Ärger, etwa weil er immer wieder bei denselben Verhaltensweisen auftritt, tiefer liegende Ursachen? Das können Sie nur für sich klären, im stillen Kämmerlein sozusagen. Ihr »Kontrollgefühl«: Selbst bei einer Entschuldigung des Gegenübers, in dem er sein Verhalten erklärt und um Verständnis bittet, fühlen Sie sich weiterhin nicht wohl.

Ein tieferer Konflikt liegt vor, wenn Sie sich vom anderen unter Druck gesetzt oder ihm ausgeliefert fühlen, Sie ausgenutzt oder gemobbt werden, der andere Ihnen mit Herablassung, Neid und Arroganz begegnet oder Sie überfürsorglich, rücksichtslos, unsolidarisch, missachtend oder respektlos behandelt.

> **Wie der Mensch sich ärgert, so ist er.**
> *Arthur Schnitzler*

Das Problem bei der Wurzel packen

Sie wollen künftig mit weniger Ärger leben? Dann werden Sie nicht umhinkönnen, an sich selbst zu arbeiten. Nehmen Sie sich die Zeit und überlegen Sie, welche Verhaltensweisen anderer Sie besonders ärgern. Ob mit den Kollegen oder Vorgesetzten, dem Partner oder einem Familienmitglied, Freund oder Vereinskamerad: Gibt es immer wieder Konflikte, die Sie aus demselben Grund zornig machen? Mit welchen Personen scheinen Auseinandersetzungen vorprogrammiert zu sein? Wie hängen Ihre schlechten Gefühle damit zusammen? In welchen Situationen tritt der Ärger besonders auf? Welche Interessen stoßen aufeinander? Sind diese Unterschiede in den Interessen überbrückbar? Oder müssen Sie akzeptieren, dass es Unvereinbarkeiten gibt, mit denen Sie sich arrangieren können, müssen oder wollen? Etwa weil Ihnen an der Person so viel liegt, dass Sie Ihren Unmut über deren Handeln (und der Reflexion der eigenen verborgenen Verhaltensweise) abbauen möchten? All diese Fragen lassen sich nicht in wenigen Minuten klären. Möglicherweise müssen Sie in bestimmten Zeitabständen immer wieder einmal für sich selbst klären, wie weit Sie gekommen sind. Wichtig ist: Erkennen Sie Ihre eigenen inneren Konflikte – und ärgern Sie sich nicht mehr über das Verhalten anderer. So hart das vielleicht klingt: Es kann durchaus passieren, dass Sie sich von manchen Personen Ihres Umfelds trennen werden. Eben weil Sie erkennen, dass in Ihr »neues«, ärgerfreies Leben manches nicht mehr passt.

Übrigens hilft oft bereits das Aufschreiben einer Konfliktsituation: Man wird sich dabei über seine Gefühle klar. Das allein kann schon zu einer Lösung beitragen.

Selbsterkenntnis ist oft schmerzlich – lohnt sich aber!
Das »Schürfen« in der eigenen Seele ist meist kein Spaß, ganz im Gegenteil: Man erkennt eigene Unzulänglichkeiten, eigene Charakter»mängel«, eigene Fehler. Das ist unangenehm. Aber es ist der einzige Weg, um auf Basis dieser Erkenntnisse das

eigene Verhalten zu ändern. Das können Sie selbst im täglichen Leben ausprobieren. Wenn Sie wissen, warum Sie sich vom Chef immer gedemütigt fühlen – etwa weil Sie sich wie ein kleines Kind vorkommen, das von der Mutter geschimpft wird –, gehen Sie mit dieser Situation ganz anders um: Sie können und werden Ihr Selbstbewusstsein trainieren. Sie werden sich Ihrer Fähigkeiten und Begabungen, Ihrer Leistungen und Erfolge bewusst – und reagieren in der Folge viel gelassener. Selbst wenn Ihnen ein Choleriker gegenübersteht. Dieser wiederum merkt, dass er mit Ihnen nicht mehr alles machen kann – und ändert sein Verhalten ebenfalls. Schlechte Laune – also ständiger Ärger – steckt nämlich genauso an wie gute Stimmung. Auch das lässt sich im Alltag beweisen: Gehen Sie mit einem freundlichen Lächeln durchs Büro oder durchs Kaufhaus. Sie werden es zurückbekommen.

> **An der guten Laune unserer Umgebung hängt unser Lebensglück.**
>
> *Theodor Fontane*

Ärgernisse des Alltags erkennen – und vermeiden

Ärger ist eine Emotion, die jeder von uns kennt, die jedem widerfährt. Oft sind es nur Details, die uns zornig machen. Aber selbst kleine Ärgernisse verderben uns den Tag und mindern unsere Lebensfreude. Wer Wichtiges von Unwichtigem unterscheiden kann, lernt, den Alltag ohne Ärger zu genießen.

Grenzverletzungen und ihre Folgen

Psychologen beschäftigen sich schon seit etlichen Jahren mit Forschungen zum Thema Ärger. Dabei hat sich herausgestellt: Ein Hauptauslöser sind sogenannte Grenzverletzungen. Jeder Mensch zieht gewisse Grenzen um sich – und gerät aus der Balance, wenn andere sie überschreiten. Da uns immer mehr Dinge aus der Umwelt einschränken und stören, geschehen diese Vorstöße immer häufiger. Lärm, Reizüberflutung, Stress und Druck sorgen dafür, dass wir schon bei Kleinigkeiten »aus der Haut fahren«. Doch leider ändert sich durch den Ärger überhaupt nichts an den Ursachen. Ärger ist nichts anderes als ein Gefühl der Ohnmacht, weil wir eine Situation nicht ändern können. Oder keinen anderen Ausweg sehen.

Gehen Sie bewusst mit Ärgernissen um

Zuerst die schlechte Nachricht: Den Entschluss, sich nie wieder zu ärgern, wird man nie durchhalten. Die gute Botschaft jedoch lautet: Sie können lernen, Alltagsärger richtig einzuordnen und sich nicht mehr über Kleinigkeiten aufzuregen – und das dauert keine Ewigkeit.

Unser Leben ist einfach zu kostbar, um es mit Ärger zu verplempern. Das heißt nicht, dass Sie jegliches Zorngefühl künftig unterdrücken oder einfach wegschieben sollen. Man kann jedoch negative Emotionen in die richtigen Bahnen lenken – und letztlich Positives daraus ziehen. Ärger (ver)braucht viel Energie. Und die kann man anders besser einsetzen. Lernen Sie deshalb, mit Ihrem Ärger konstruktiv umzugehen.

Negative Gefühle loslassen

Der Amerikaner Lester Levenson hat in den 1970er Jahren eine Methode entwickelt, die sich mit dem Loslassen negativer Gefühle beschäftigt. Das sogenannte »Releasing« wird mittlerweile von vielen Psychologen angewendet. Mehrere wichtige Fragen helfen dabei, sich Emotionen wie Ärger bewusst zu machen – und sie dann für immer »abzugeben«. Alle Fragen sollten Sie spontan beantworten.

- Was spüren Sie genau? Genauer: Welche Art des Ärgers steht momentan im Vordergrund? Beispielsweise Ärger, Zorn, Wut, Empörung, Frust, Sich-gedemütigt-Fühlen?
- Wie spüren Sie den Ärger körperlich? Haben Sie z. B. Bauchgrimmen, Kopfweh, Herzrasen, Atemnot?

- Können Sie den Ärger annehmen? Also akzeptieren, dass Sie jetzt im Moment so richtig verärgert sind? Dieser »Trick« hilft, nicht mehr gegen unangenehme Emotionen anzukämpfen.
- Können Sie sich vorstellen, den Ärger loszulassen? Das muss nicht sofort sein – Sie sollen sich nur prinzipiell vorstellen, ob Sie ohne Ärger leben möchten und können.
- Haben Sie den Willen, den Ärger loszulassen? Oder wollen Sie diese negative Emotion behalten?
- Wann wollen Sie den Ärger aufgeben? Das kann heute Abend sein, morgen oder nächste Woche. Sprechen Sie den Zeitpunkt, den Sie sich momentan vorstellen können, laut aus. Irgendwann sagen Sie laut und deutlich: »jetzt« – und dann sind Sie frei vom Gefühl des Ärgers in dieser konkreten Situation.

Weg mit dem Ärger — für immer!

Viele Dinge, die uns Ärger bereiten, sitzen tief in uns. Manche sind mit Mustern aus unserer Kindheit verknüpft. Solche Konflikte verschwinden nicht nach einer einzigen Loslasssitzung. Wiederholen Sie diese Übung deshalb bei jedem Ärgeranlass. Sie werden merken, wie Sie sich nach und nach befreien. Diese sogenannte Sedona-Methode funktioniert auch bei anderen unangenehmen Emotionen wie Apathie, Kummer, Angst, Stolz, Neid, Gier, Selbstsucht, Ehrgeiz oder Ungeduld.

Ärgernisse des Alltags erkennen – und vermeiden

Angriff – und Verteidigung

Wesentlich schwieriger ist es für uns, mit Ärger umzugehen, der von einer anderen Person auszugehen scheint. Wohlgemerkt: scheint, denn Sie wissen ja bereits, dass Sie vermutlich Ihre eigenen Ängste und Eigenschaften auf den anderen projizieren, dass Ihr Gegenüber Sie im Grunde »spiegelt«. Dennoch müssen Sie mit Kritik, Vorwürfen und verbalen Angriffen umgehen können. Im Beruf ist das natürlich besonders wichtig. Aber auch im Privatleben müssen Sie unterscheiden lernen:

- Werde ich tatsächlich angegriffen?
- Oder ist die Kritik berechtigt, aber so formuliert, dass sie bei mir falsch ankommt?

Der wichtigste Rat, bevor Sie zum Angriff übergehen: Gewinnen Sie Zeit. Poltern Sie also nicht gleich spontan zurück – sondern zählen Sie innerlich mindestens bis zehn. Dann haben Sie nämlich Gelegenheit, zu entscheiden, wie Sie reagieren wollen. Ärgern werden Sie sich möglicherweise in jedem Fall – niemand lässt sich gerne »anblaffen« oder kritisieren, vor allem nicht in ruppigem Ton. Machen Sie sich aber in der Zehn-Sekunden-Pause bewusst: Wenn Sie ebenfalls zornig antworten, ist die Gefahr groß, dass die Situation eskaliert. Sie haben dann unter Umständen einen Riesenkrach provoziert – im Job kann das schlimme Folgen haben. Und auch in den eigenen vier Wänden ist das keine erbauliche Angelegenheit.

Behalten Sie das Heft in der Hand
Kritik ist in den meisten Fällen etwas Positives. Jemand anderer nimmt Sie ernst genug, um sich mit Ihnen, Ihrem Verhalten, Ihrer Arbeit zu befassen. Nehmen Sie deshalb den Inhalt der Kritik ernst – und sehen Sie über den möglicherweise herben Ton, in dem sie geäußert wird, erst einmal hinweg. Die folgenden Strategien helfen, Ihrem Gegenüber den Wind aus den Segeln zu nehmen:

- Bedanken Sie sich für kritische Anmerkungen. Aber nicht übertreiben. Angemessen sind Formulierungen wie: »Vielen Dank, dass Sie so offen zu mir sind.«
- Sagen Sie nicht »Entschuldigung«, um einen wütenden Gegner wieder zu beruhigen. Das führt unter Umständen zu einer weiteren Eskalation, weil der andere sich veräppelt fühlt. Außerdem würden Sie sich schlecht fühlen – weil Sie um Verzeihung für etwas bitten, woran Sie nicht schuld sind bzw. wofür Sie keine Verantwortung tragen. Etwas anderes ist es selbstverständlich, wenn Sie wirklich einen Fehler gemacht haben. Aber auch dann sollten Sie der Kritik Ihres Gegenübers eher zustimmen – und sofort einen konkreten Verbesserungs- oder Lösungsvorschlag nachschieben.
- Manche Sätze und Wörter reizen den anderen noch mehr – deshalb vermeidet man sie besser. Dazu gehören verallgemeinernde Beschreibungen wie immer, nie, niemals, keine(r), jede(r), alle. Auch Bemerkungen wie »Nun kommen Sie mal ...«, »Regen Sie sich doch nicht so auf ...«, »Sie müssen doch sehen, dass ...« tragen nicht zur Entspannung der Lage bei. Im Gegenteil.

Ärgernisse des Alltags erkennen – und vermeiden

- Bemühen Sie sich um positive Formulierungen. Also nicht: »Das habe ich noch nie gemacht«, sondern besser: »Ich freue mich auf diese neue Aufgabe.«
- Fragen Sie nach, wenn Vorwürfe kommen – höflich und sachlich, aber bestimmt. Verallgemeinerungen wie »Bei dir ist es ja immer so, dass …« müssen Sie nicht hinnehmen. Haken Sie nach, was genau gemeint ist.
- Gerade im Job müssen Sie sich niemals beleidigen lassen. Sie sind weder eine »dumme Gans« noch ein »Idiot«. Wer Ihnen so kommt, hat im Grunde schon verloren – und Sie kontern solche Angriffe mit einem coolen: »Wie meinen Sie bitte?« Kommt ein Spruch wie »Sie haben ja keine Ahnung«, kontern Sie, ebenfalls sachlich: »Sie haben recht, mir fehlen hier wichtige Informationen. Vielleicht können Sie mich auf den aktuellen Stand bringen?«
- Wenn Sie etwas Neues machen sollen: Bitte niemals mit »Das haben wir schon immer so gemacht!« antworten. Wenn umgekehrt ein anderer neue Impulse abblockt, reagieren Sie mit Formulierungen wie: »Vielleicht klappt meine Idee aber auch ganz gut. Sollten wir es nicht wenigstens ausprobieren?«
- Achten Sie auf Ihre Wortwahl, Ihre Stimme, Ihre Mimik und Gestik und Ihre Körpersprache: Schimpfwörter (selbst ein »verdammt« oder »Mist«, wenn was schiefläuft) sind ebenso tabu wie Schreien, um den anderen zu übertönen. Und der Body-Talk? Stehen und sitzen Sie aufrecht, halten Sie Blickkontakt, vermeiden Sie Verlegenheitsgesten. Und selbstverständlich auch Drohgebärden.

> Die Hälfte aller Fehler entsteht dadurch,
> dass wir denken sollten, wo wir fühlen, und dass wir
> fühlen sollten, wo wir denken.
>
> John Churton Collins

Nein sagen zum Ärger:
Unwichtiges von Wichtigem trennen

Es ist manchmal gar nicht so einfach zu entscheiden, was wirklich wichtig und was eher belanglos ist. Ihre Entscheidung wird Ihnen erleichtert, wenn Sie kurz innehalten – und sich der momentanen Situation bewusst werden. So gelingt es Ihnen besser, gelassen – und das heißt letztendlich: ärgerfrei – zu handeln.

- Ist die Situation es wert, dass ich mich ärgere?
  - Ja: Warum? Kann ich etwas mit meinem Ärger ändern?
  - Nein: Ich akzeptiere die Situation.
- Würde mein Ärger etwas verändern?
  - Ja: Was würde sich konkret ändern?
  - Nein: Ich akzeptiere die Situation.
- Lohnt sich die Änderung?
  - Ja: Dann ändern Sie es.
  - Nein: Ich akzeptiere die Situation.

(Quelle: Techniker-Krankenkasse)

Es läuft also stets darauf hinaus, dass Sie allein es in der Hand haben, Änderungen herbeizuführen – bei sich selbst und Ihrem Umgang mit Ärger. An der Situation, die momen-

Ärgernisse des Alltags erkennen – und vermeiden

tan Ihren Ärger auslöst, können Sie erst mal nichts ändern. Dass Sie eine Situation annehmen, heißt nicht, dass Sie alles schlucken und hinnehmen müssen. Es bedeutet jedoch, dass Sie Ärger gar nicht erst entstehen lassen, sondern sich auf einen positiven Ausgang der Situation einstellen.

Ein Beispiel: Sie stehen im Stau? Klar – Sie können an der Anzahl der Autos und Lkws nichts ändern. Und es nützt absolut nichts, wenn Sie sich jetzt ärgern und mit Ihrem Schicksal hadern (mal abgesehen davon, dass selbst ein kilometerlanger Stau das nicht wert ist). Überlegen Sie sich lieber Alternativen für das nächste Mal: Sie könnten beispielsweise früher oder später losfahren, um dem hohen Verkehrsaufkommen zu entgehen. In der momentanen Situation nützen Sie die Wartezeit im Auto: Vielleicht entspannen Sie sich mit Musik oder lauschen einem Hörbuch; erinnern Sie sich an schöne Dinge, planen Sie Ihren Urlaub, lassen Sie in Gedanken den vergangenen Tag Revue passieren oder überdenken Sie den Ablauf des heutigen Tages. Alles ist besser, als schimpfend, grummelnd und stocksauer im Wagen zu sitzen. Sie verpassen wichtige Termine? Okay – das ist unangenehm. Aber: Sie haben sicher ein Mobiltelefon dabei und können Ihre Geschäftspartner oder Freunde informieren. Sollten Sie kein Handy haben, fahren Sie an der nächsten Raststätte ab und telefonieren Sie dort.

> Nehmen Sie die Menschen, wie sie sind.
> Es gibt keine anderen!
>
> *Konrad Adenauer*

Stress abbauen und entspannen

Ob privat oder beruflich: Ärger ist Ihre ganz individuelle Emotion. Mit der Sie umgehen müssen, die Sie abbauen wollen. Das müssen Sie Ihre Mitmenschen jedoch nicht spüren lassen. Bis vor ein paar Jahren galt es noch als optimal, Ärger und Wut abzureagieren. Psychologen wissen heute, dass das eher kontraproduktiv ist und uns nicht hilft, den Stress, der durch Ärger entsteht, zu verringern. Natürlich sollte Stress abgebaut werden, aber dafür sind andere Methoden besser geeignet. Wenn sich der Ärger nicht mehr aufhalten lässt, dann stehen Sie dazu, dass Sie wütend sind.

> Bist du ärgerlich, so zähle bis vier; bist du sehr ärgerlich, so fluche!
>
> *Mark Twain*

Schreien befreit!

Schreien wird von manchen als absolut befreiend empfunden. Vielleicht erinnern Sie sich an den Spielfilm »Cabaret«, in dem sich die Hauptdarstellerin Liza Minelli unter eine Zugbrücke stellt und bei der Durchfahrt des Zugs laut schreit? Man kann fast greifbar spüren, wie sich alle Anspannung bei ihr löst. Wenn Sie also Platz und Gelegenheit dazu haben, Ihren Ärger mal rausschreien zu können: Tun Sie es! Daneben sollten Sie aber auf jeden Fall Methoden zum Stressabbau und zur Entspannung anwenden.

Ärgernisse des Alltags erkennen – und vermeiden

Was wir gern tun, entspannt – und lässt Ärger schwinden
Der eine liebt Hunde, der andere bastelt gerne Tiffanylampen. Manch einer tobt sich auf der Tanzfläche aus, andere lauschen den zwitschernden Vögeln im Walde – jeder hat seine ganz eigene Art und Weise, sich zu entspannen. Bei einem langen Spaziergang bei Wind und Wetter, beim Faulenzen am Strand, beim Aufheizen in der Sauna. Mit einem guten Buch, Musik aller Art, einer Tasse Tee. Hauptsache, es macht Ihnen Spaß. Finden Sie heraus, welche Methode für Sie die richtige und wirkungsvollste ist.

> Wer lächelt, statt zu toben, ist immer der Stärkere.
> *Sprichwort aus Japan*

Besonders Sport in jeder Form ist eine hervorragende Möglichkeit, um Stress abzubauen und Aggressionen loszuwerden. Gut geeignet sind Ausdauersportarten (Laufen, Schwimmen) und Ballspiele (dazu zählt man nicht nur Fuß- oder Handball, sondern z. B. auch Tennis oder Squash). Suchen Sie sich eine Sportart, in der Sie sich so richtig »auspowern« können. Sie werden sehen, damit werden Sie meist allen Ärger los. Sie verausgaben sich körperlich, bauen Stress ab – und werden dabei auch noch fit. Aber Vorsicht: Das Streben nach Fitness ist nicht automatisch mit Stressabbau gleichzusetzen. Manch einer ist in der Freizeit beim Sport allzu ehrgeizig – und setzt sich damit erneut unter Druck.

Probieren Sie ruhig auch ungewohnte Dinge aus: Seien Sie neugierig auf neue Erfahrungen, um sich selbst kennenzulernen. Vielleicht versuchen Sie es mit einem Meditationskurs, mit Tai-Chi oder Yoga, mit autogenem Training oder Tiefenatmung oder mit Duftölen. Auch die Qigong-Kugeln, die diesem Care-Paket beigelegt sind, dienen der Entspannung.

Wieso Qigong-Kugeln Stress abbauen helfen

Nur wenn Yin und Yang im menschlichen Körper ausgeglichen sind, sind wir in Harmonie mit uns selbst – und damit körperlich, geistig und seelisch gesund. Das ist die Überzeugung der Traditionellen Chinesischen Medizin. Nach der Überlieferung stellen die Qigong-Kugeln das Gleichgewicht von Yin und Yang im Körper wieder her, wenn man sie in der Handfläche bewegt. Ursprünglich stammen die Kugeln aus dem alten China. Ihr Durchmesser beträgt etwa vier bis fünf Zentimeter, meist sind sie innen hohl und haben eingebaute Klangelemente. Jedes Set besteht aus zwei Kugeln, die unterschiedlich klingen: Der höhere Ton entspricht dem (weiblichen) Yin, der tiefere dem (männlichen) Yang.

Anti-Ärger-Strategien ohne Erfolgsaussichten

Es gibt Menschen, die regelrecht aufzublühen scheinen, wenn sie sich ärgern können. Andere fürchten sich vor dem eigenen Ärger und versuchen ihn ständig zu verdrängen. Auf den folgenden Seiten erfahren Sie mehr über diese und andere Verhaltensweisen, die als Anti-Ärger-Strategien nutzlos sind.

Rechthaber leben einsam

Vielleicht kennen Sie den einen oder anderen, der nur dann richtig zu leben scheint, wenn er sich aufregen und ärgern kann. Alles andere scheint langweilig, ja regelrecht lähmend zu sein. Aus jeglichem Ärger selbst über Winzigkeiten scheinen solche Menschen geradezu Energie und Lebenskraft zu ziehen. Doch Vorsicht: Diese Beispiele sollten Sie sich für Ihr eigenes Verhalten nicht zum Vorbild nehmen. Ärger hat bei diesem Typus viel damit zu tun, um jeden Preis recht haben zu wollen. Und das wiederum hat keine guten Folgen.

Was haben Sie davon, wenn Sie immer recht behalten? Okay: Sie setzen sich stets durch, Sie fühlen sich in Auseinandersetzungen als Sieger. Auf Dauer jedoch gewinnen Sie damit keine Freunde. Im Gegenteil: Sie verlieren à la longue vielleicht sogar jene, die zu Ihnen stehen. Von Kollegen, Nachbarn und anderen, die sich nach und nach abwenden werden, ganz zu schweigen. Wer stets recht haben will, unterstellt nämlich automatisch, dass seine Mitmenschen ständig unrecht haben. So werden alle anderen also immer wieder herabgesetzt; der Rechthaber löst permanenten Ärger und Frust bei anderen aus. Das macht einsam. Kaum jemand will mit einem Menschen zu tun haben, der immer und überall auf seinem Recht beharrt. Dazu kommt, dass man langsam, aber sicher die Kontrolle verliert: Wenn niemand zu widersprechen wagt – aus Angst vor Ärger, vor einer cholerischen Reaktion –, unterliegt man ausschließlich den eigenen Richtlinien. Nach und nach entgleitet so der Blick auf die Realität und die Wahrnehmung für tatsächliche Gegebenheiten in der Umwelt und den Beziehungen zu anderen Menschen. Das gilt sowohl für das berufliche Umfeld (also Kollegen und Mitarbeiter) wie auch die Familie und den Freundeskreis. Irgendwann ist es dann so weit, dass man zwar recht hat, wegen seines Aufbrausens und seiner allgemein bekannten cholerischen Art aber gefürchtet ist.

Ständiges Verdrängen macht krank

Der andere »Ärgertyp« lebt seine Emotionen dagegen gar nicht aus. Er verhält sich still – und zeigt seine Gefühle nicht. Im Gegenteil: Er wirkt in sich gekehrt, allzu gutmütig – ja ängstlich und duckmäuserisch. Dieser Typus hat zwei Möglichkeiten: Entweder reagiert er wie ein Dampfkessel: Wenn er viele kleine Ärgernisse so lange anhäuft, »explodiert« er bei einer winzigen Kleinigkeit schließlich völlig und bekommt einen unerwarteten, oft schockierenden Wutausbruch. Beruf-

Anti-Ärger-Strategien ohne Erfolgsaussichten

liches und privates Umfeld stehen dann fassungslos vor dem Ausbruch dieser menschlichen »Zeitbombe«.

Die andere Möglichkeit: Der »Verdränger« wird tatsächlich krank. Das ist oft dann der Fall, wenn zum ständigen Schlucken des Ärgers noch allerlei merkwürdige Erklärungsversuche hinzukommen: Vielleicht hat er von seinen Eltern mitbekommen, dass sich zu ärgern »schlechtes Benehmen« sei. Oder er glaubt aus einem Selbsterfahrungskurs zu wissen, dass Ärger kontraproduktiv für die eigene Entwicklung ist. Wer so etwas verinnerlicht hat, muss davon ausgehen, dass körperliche Symptome folgen – z. B. Verspannungen von Nacken und Rücken, nächtliches Zähneknirschen, Nervosität bis hin zu Magengeschwüren.

Vorsicht: Suchtgefahr

Ob Nikotin oder Alkohol: Viele brauchen eines dieser Genussgifte, um Ärger loszuwerden. Man kann über das Rauchen sicher streiten, aber eines ist klar: Nikotin schadet Ihrer Gesundheit. Trotzdem hat es keine unmittelbaren Auswirkungen auf Ihr Verhalten, auf Job und Familienleben. Mit Alkohol ist das völlig anders. Wer regelmäßig trinkt, um Ärger zu vergessen oder zu verdrängen, ist suchtgefährdet. Hüten Sie sich deshalb vor dem berühmten kleinen Bierchen, um den Ärger »runterzuspülen«. Das kann der Einstieg in die Alkoholabhängigkeit sein. Beobachten Sie sich selbst:

- Trinken Sie regelmäßig, um Ärger loszuwerden?
- Brauchen Sie Alkohol, um sich nach ärgerlichen Situationen wieder »einzukriegen«?
- Kommen Sie nicht mehr ohne Alkohol aus, wenn Sie mit Situationen und Menschen umgehen müssen, bei denen Ärger »vorprogrammiert« zu sein scheint?

Suchen Sie um Hilfe nach, wenn Sie eine dieser Fragen mit Ja beantwortet haben.

Die Flucht in die Illusion

Wer ständig vom Ärger im Job und im Privaten gestresst ist, sieht oft keine andere Lösung mehr, als sich aus der Realität in Traumwelten zu flüchten. Man malt sich in den eigenen vier Wänden aus, wie man hätte reagieren sollen. Man träumt davon, endlich mal mit der Faust auf den Tisch zu schlagen und dem Boss mal so richtig die Meinung zu geigen. Aber im richtigen Leben schafft man es einfach nicht. Schlimm wird es, wenn man sich regelmäßig in solche Tagträume flüchtet, sich regelrecht in ihnen verliert. Der Kontakt zur Außenwelt, zu Kollegen und Freunden geht mehr und mehr verloren. Und wenn dann auch kein Partner und keine Familie da sind, die wenigstens im Privaten für Ausgleich und die richtige Lebensbalance sorgen, kann es zu gravierenden Problemen kommen.

Packen Sie das Übel also lieber gleich an – und lernen Sie, mit Ärger richtig umzugehen. Nur dann wird es Ihnen gelingen, negative Emotionen richtig einzuordnen und auf Dauer positive Energien daraus zu ziehen.

Impressum

Die Autorin
Christina Zacker ist freie Journalistin und Buchautorin. Sie hat zahlreiche Ratgeber zu den Themen Lebenshilfe, Ernährung und Gesundheit verfasst. Unter dem Pseudonym Franziska von Au ist sie auch als Expertin für Lebenshilfethemen (u. a. »Der neue Knigge«) erfolgreich.

Wichtiger Hinweis
Die im Buch veröffentlichten Ratschläge wurden mit größter Sorgfalt von Verfasserin und Verlag erarbeitet und geprüft. Eine Garantie kann jedoch nicht übernommen werden. Ebenso ist eine Haftung der Verfasserin bzw. des Verlages und seiner Beauftragten für Personen-, Sach- oder Vermögensschäden ausgeschlossen.

Bibliografische Information der Deutschen Nationalbibliothek
Die Deutsche Nationalbibliothek verzeichnet diese Publikation in der Deutschen Nationalbibliografie; detaillierte bibliografische Daten sind im Internet über http://dnb.d-nb.de abrufbar.

© 2009 Knaur Ratgeber Verlag
Ein Unternehmen der Droemerschen Verlagsanstalt
Th. Knaur Nachf. GmbH & Co. KG, München
Alle Rechte vorbehalten

Projektleitung und Redaktion: Caroline Colsman
Herstellung: Veronika Preisler
Layout und Umschlaggestaltung: Claudia Fillmann &
Sabine Krohberger, München

Printed in China

ISBN 978-3-426-64921-3

5 4 3 2 1

Besuchen Sie uns auch im Internet unter der Adresse:
www.knaur-ratgeber.de